JN411221

허공에 떨어지는 영산홍 꽃잎

박정근 약력

전북 부안에서 출생하여 익산 남성 중고등학교에서 청소년 시절을 보냈으며 서울교육대학과 국제대학에서 교육학과 영문학을 공부하고 서강대학교에서 영문학 석사를 마친 후 고려대학교에서 문학박사를 취득하였다. 시집으로는 “물의 노래”, “바람에 날리는 눈꽃같은 사랑”이 있다.

현재 대진대학교 영문학과 교수로 재직 중에 있으며 “셰익스피어 아해들”이란 교수 극단에서 배우와 연출로 활동하고 있다. 저서로서 “아폴로 사회와 디오니소스 제의”가 있고 역서로는 “박코이” 등의 드라마와 “키호테 신부” 등의 소설번역이 있다.

허공에 떨어지는 영산홍 꽃잎

발행일 • 2009년 12월 10일
지은이 • 박정근
발행인 • 이성모/발행처 • 도서출판 동인/등록 • 제1-1599호
주소 • 서울시 종로구 명륜동2가 아남주상복합아파트 118호
TEL • (02) 765-7145, 55/FAX • (02) 765-7165/E-mail • dongin60@chol.com
Homepage • donginbook.co.kr

ISBN 978-89-5506-422-3
정가 8,000원

• 월더니스 시선집 101

허 공 에
떨 어 지 는
영산홍 꽃잎

박정근 시집

도서출판 동인

시집을 내는 마음

시집을 내는 손길은 항상 부끄럽다.
마치 내 몸 깊숙이 숨어있는 상처를 내보이는 것 같기도 하고
부족한 성적표를 부모님께 내보이는 때 느끼는
죄의식이기도 하고
사랑하는 여인에게 연애편지를 보낼 때
두근대는 가슴이기도 하고
신에게 내 생명의 부끄러운 영혼의 모든 것을 심판받기 위해
눈물로 기도하는 자의 모습이기도 하다는
착잡한 심정으로 세 번째 시집을 세상에 내보낸다.

시를 쓴다는 의미가 무엇인가라는 질문을 수없이 던지며
밤늦도록 자판을 두드리는 많은 날들

사랑하는 동생 박영근시인이 갑자기 세상을 떠날 때
그의 시 '솔아솔아 푸른 솔아'를 목 놓아 부르며 울면서,
북알프스 등정에서 친구들과 조난위기를 맞으며 삶과 죽음의
갈림길에서
실존적 공포를 체감하면서,
삭막한 세상에서 사랑의 씨앗을 뿌리기 위해 문학선생으로서
강단에서 열정으로 가르치면서,

셰익스피어 작품을 무대 위에 펼치면서
관객과 팽팽한 눈길을 마주치면서,
앞을 보지 못하는 시각장애인들에게
어려움 속에서도 인생은 살만한 가치가 있다는
공감을 가지기 위해
가곡을 부르고 시를 낭송해주고
그들의 마음속에서 순수한 영혼을 발견하고 감동하면서,
문예지 윌더니스 가족들과 문학적 열정을 나누며
수많은 술잔을 나누며
새로운 문학의 방향을 찾아보자고 다짐하면서

이렇게 시집을 여러분들에게 다시 보여드리고자 한다.
한권의 시집을 마무리하지 않고는
나의 새로운 변혁과 변신을 할 수 없다는 생각에서
수락산의 단풍이 시들어가는 풍경을
도봉동 서재 창문을 통해 응시하면서
2009년의 기차가 마지막 종점을 향하는
기적소리를 울리는 초겨울에
여러분들에게 나직하게 나의 시 한편 읽어드리고 싶습니다.

2009년 11월 하순
박정근

차 례 .

제1장 햄릿의 노래

제2장 강촌 강가를 거닐며

제3장 죽은 시인에게 바치는 노래

제4장 조난위기

제5장 이국에서 부르는 노래

제6장 황무지 꽃

제7장 사랑타령

제1장

햄릿의 노래

햄릿의 노래-1

어머니,
항상 당신의 젖무덤에 파묻혀
가슴 졸이는 서슬 퍼런 세상일은
남의 일인 줄 알았어요.

당신의 아름다운 치마폭에 안기면
야릇한 봄 내음이 풍겨 나와
금새라도 형형색색의 꽃이 피어오르고
막 태어난 귀여운 산토끼가
당신의 육감적인 둔부에서 튀어나올 듯한
포근함에 취해서 유년을 보냈어요

당신을 떠나 멀리 이국의 대학에서
사랑하는 오필리어에게 연서를 보내면서도
읽는 책갈피에 떠오르는 어머니가 아니었더라면
삭막한 이국의 향수병을 이겨내지 못했을 거에요

하지만 신은 인간의 행복을 질투하는지
장밋빛 같은 사춘기의 모래성이
운명의 폭풍우로 무너지듯

하늘같은 아버지가 허무하게 쓰러지니
저고리와 치마도 바람에 날아가고
알몸으로 떨고 있는 당신의 침입자는
나를 낙원에서 영원히 추방해버렸어요

어머니,
이제 당신의 젖무덤에서 꿈꾸던
화려한 장미정원은 사라진
삭막한 세상에서
당신의 배신을 저주하는
아들의 슬픔을 헤아린 적 있나요

내가 왜 미쳐 날뛰는지
당신은 아는지 모르는지
극악무도한 사내의 품에서
빠져나오지 못하다니
당신의 가슴에 겨누는 비수는
나의 뜨거운 눈물이
차갑게 얼어서 만들어진 슬픔이에요

햄릿의 노래-2

아버지,
전쟁터에서 적들을 한 칼에 제압하시고
백성의 수호신으로 존경 받으시던
위용과 덕망의 모습은 어디가고
간교한 악마의 독에 허무하게
쓰러지신 당신

무덤의 상복을 찢고 나와
세상의 악에 복수를 하라는
서슬 퍼런 당신의 명령에
어머니 치마폭에서 꿈꾸던 자식은
놀라 넋이 나갈 지경입니다

아버지,
정의의 독수리 같던 당신이
존재하지 않는 세상은
술판 개판입니다

백성의 눈과 귀를 속이는
살인자의 달콤한 궤변도

침실에서 흘러나오는
간드러지는 어머니의 신음소리도
눈웃음치며 사랑을 말하는 모습도
너무 역겨워
창자가 꼬여서
타락의 오물을 토해버리겠습니다

아버지,
당신이 사라진 세상에
기승전결의 미학이 존재해야만
인간이 인간답게 살 수 있음을
깨닫는 백성들을 위해
비겁한 자에게 알맞은 복수의 칼을
내가 휘둘러야겠습니다.

쾌락의 원리에 몰입하는 어미가 조장한
혼란된 질서의 깃발을 세상에 꽂아두고
미련 없이 당신의 뒤를 따르렵니다

막이 내리면

막이 오르면
폭포수처럼 쏟아지는 대사로
배우들의 입이 닳아버리고
무대의 강둑위로 범람하는
출렁거리는 명대사

입술과 가슴이 손잡고
강둑 위를 거닐다
솟아오르는 감정의 파도에 놀라
빠져드는 흥분한
거대한 폭포 물줄기

광기의 소용돌이에 휘말린 광대들
벌거벗은 나신으로
휘황찬란한 조명 아래에서
늘어지고

차라리 감정의 깊은 강물 속으로
깊이 침잠하라

깊은 강의 물결은
거대한 수압을 떠받치며
소리 없이 물결로 흘러가는데
원색으로 분장한 지느러미로
화려하게 춤추는 물고기 떼

운명을 노래하는 배우가
단지 얇은 입술로만
인생을 논할 수 있겠느냐

비극의 마지막 장은
피로 물들어 가고
울부짖는 영웅의 손을 뿌리치는
신은 가소로운 듯
껄껄껄 웃는구나
내려가는 막 뒤에서

동태탕집 아저씨

술을 좋아하는 성미라
점심에도 얼큰한 동태탕이 제격이야
주인양반 인심도 좋아
동태창자 애를 덤으로 넣어주니
손님들도 마음이 넉넉하게 후해져
오늘도 거르지 못한다.

오랜 단골이라도
말 한 마디 건네지 않는 주인양반
그저 눈만 깜박거리며
냄비에 가득 동태탕을 내놓을 뿐
오든지 말든지
손님이 알아서 하라는 식이다.

음식보다 말잔치요,
양보다 야한 실내분위기로
손님을 유혹하면 된다는 요즘 세상에
거꾸로 가는 게 멋이야
뚱한 주인아저씨여

큼직한 동태덩어리와
부드러운 창자 애와
조근조근 썰어 넣은 매큼한 고추 짱아치
동태탕에 없어서는 안될 요 것들이
어우러져 만드는 얼큰한 맛으로
승부를 걸겠다는데

소주파 우리라도
거들어야 주어야할게 아닌가
이 재미없는 세상에

고려삼계탕집 아줌마

캠퍼스 앞에 있던 삼계탕집
구수한 전라도 사투리에
서글서글한 얼굴로 맞아주던
복스럽게 뚱뚱한 아줌마

공장 노동자들에게
푸짐하게 밥을 해주며
식당을 키웠다며 자랑하던
걸걸한 여장부였지

항상 술에 절어
음식 배달을 하던 바깥 양반 입가에서
노상 피어나는 정겨운 소주냄새

잔소리를 하다고
주먹으로 맞았다고
달걀로 문지르던
솟아오른 눈두덩도
그리 보기싫지는 않아

밥집을 해서 얼마나 돈을 벌었다고
해마다 어려운 노인네들 모셔다가
삼계탕을 대접하는 넉넉한 마음
출렁거리는 커다란 젖가슴에서
솟아나오나

말잔치뿐인 교수들
부끄러운건지
놀란건지
박수치며 혀를 내두른다

백반 된장국 김치찌개
노상 먹던 단골 메뉴라
새로운 입맛을 찾아
이 식당 저 식당 전전하다보니
아줌마 밥상을 몇 달씩 거르게 되고

오랜만에 식당에 가면
서운타 눈을 흘기던 아줌마
내색은 안해도

배신감을 유모어로 바꾸지

“아따 박교수 얼굴 잊어버리겄어
그 잘난 된장찌개 먹으면서 옮겨다닌당가”

변덕스러운 교수들
입맛 맞출 수가 없던지
재수 없이 교통사고 났다며
한참 다리를 절뚝거리더니
식당을 닫고 사라져
닫힌 문만 안타깝게 바라본다

해물탕집 아줌마

소주안주에는 역시 해물탕 국물이지
소라 피조개 낙지 오징어 멍게 백합
푹푹 삶아서 얼큰한 국물을 훌훌 마시면
도대체 술 몇 병을 마셔야 취하는 건지

해물탕집 아줌마는 인기도 좋아
장교수는 갈 때마다
수줍어하던 아줌마를
장모님이라 연실 놀려대며
술판 분위기를 띄운다

세상 인심 변덕스러워
해물탕집을 제 집처럼 드나들더니
교문 앞 안면도 굴밥집이 생겨
돈 많이 들인 실내장식
푸짐한 밑반찬의 유혹에
썰물처럼 빠져나가
썰렁해진 해물탕집

해물탕집 아줌마 눈가에

쓸쓸한 그림자가 어둡게 드리워져
뜬금없이 가서 위로한답시고
아줌마 이제 해물탕만 하지 말고
사람들 좋아하는 삼겹살도 하고
식사도 된장찌개 김치찌개
값싼 백반도 하면서
음식을 좀 다양하게 허면 좋겄소

해물탕 아줌마 손사래를 치며
아이고 가다죽어도
해물탕 궁물이지
손님 없으면 문 닫아버리면 되지

배짱만 가지고 장사가 안되는지
점심 때 불 안 켜진 날들이 늘더니
아예 문을 닫고 말았지

이제 어디 가서 맛난 국물에
소주를 실컷 마실 수 있을까

캐나다 선생 레이에게

한국의 금수강산이 좋고
한국 술친구가 좋아
우리와 오래 함께 지내고 싶다는
파란 눈의 레이 선생

서양 사람치고
남을 아끼는 마음이 남달라
동지들과 마냥 어울려
사람답게 사는 세상
같이 만들어보잔다

한국인보다
한국음식을 좋아하는 레이
막걸리 소주 마실 때마다
너털웃음을 터뜨리며
"먹고 죽자!" 소리친다

자그만 키에
복스러운 콧수염을 기르고
머리는 도인처럼 길러 묶고

손에는 번쩍거리는 장신구
귀에는 앙큼스러운 귀고리
이만하면 야한 연예인 같은데

눈을 부리부리하게 뜨고
맥없는 학생들에게
친구처럼 어깨를 두드리며
표범처럼 포효하라고
사정없이 다그치는 폼은
영락없는 자상한 선생님

작은 일이라도
한 푼 알짜 없이 챙기려드는
미국인과는 질적으로 다르다는
너무나 인간적인 사람 레이
느긋한 생활을 즐기는 촌놈 같은
캐나다계 한국 사람이라고 해두자

전헌교수에게 드리는 시

스토니부르크 역에 내리던 날
날씨는 춥고 을씨년스러워
대책 없는 이방인의 심정으로
한국학과에 들렀다가
그나마 선생님을 만난 게
얼마나 위안이 되었는지 모릅니다.

미국에 가서 한국학을 가르치셨던 건
전 교수님의 피할 수 없는 운명이신지
성공적으로 사업을 하시다
소유의 주식을 사원들에게 나누어준 후
미련 없이 교직의 길을 걸었노라고
담담하게 말씀하시는 모습이
성자처럼 아름다웠습니다.

신학을 하시고
교회의 장로가 되고
신학대학 교수를 하시던 분이
한국 사랑을 못 잊어서
뉴욕주립대학 스토니부르크에 연을 맺고

한국학을 강의를 하시느라
시카고와 뉴욕을 오고가는
고생의 길을 마다하지 않으신 거죠

집사람은 미국에 도착하면
고향에 온 것 같고
나는 한국에 와야
비로소 낯설지 않다고 하신 말씀이
마음에 깊이 닿아서
당신이야말로 마음의 뿌리를
한국에 심으신 분이라고
한국을 생명처럼 사랑하시는 분이라고
그래서 한국 사람과의 인간관계를
소중하게 생각하시는 분이라고
동숭동에서 만나 술한잔 나누며
생각했었죠

이해조 선생 80주기에 다시 쓰는 추모의 시

동농이여
어둠의 시대를 밝히던
눈부신 햇빛 같은 선각자여

왕방산의 녹음이 짙어가고
산허리에 붉은 진달래와 영산홍이
흐드러지게 피다가
꽃잎 하나 둘 바람에 날리어
한탄강 물줄기 돌고 도는
포천천 어느 자락에
서러운 꽃다운 아낙네 하나
물결에 떠내려가는 꽃잎 위에
청상으로 헛되이 흘러 보낸
청춘이 서러워
수심으로 가득 찬 두 눈에서
눈물 방울 방울 찍어내어
시냇물에 실어 보내는 모습이
그렇게도 가슴이 아프던가요.

한 아낙의 설움이
쓰러져가는 조국의 아픔만큼이나 깊고 크기에
당신 가슴을 멍들게 만든
한숨으로 뱉어내는 한의 노래를
기나긴 이야기로 밤새 풀어내어
대한의 남자가 사람다운 사람으로 살아야하듯이
대한의 여자도 꽃다운 꽃으로 피어나고
사랑하는 사내와 오순도순 살아가야 한다고
세상에 선포하신 당신

조국이 힘을 잃고 절뚝거리고
내가 사는 이 땅이 조선인의 땅이라고
누구도 감히 말할 수 없을 때

우리 민족이 후진의 그림자에
어둡게 갇혀 앞이 안보이고
혹세무민하는 미신의 마수에 걸려
뒤뚱뒤뚱 허우적거릴 때

백두에서 한라까지 펼쳐지는 조국이여

어두운 미몽에서 깨어나라고

이성과 합리로 빛을 발하는
새로운 시대로 거듭나라고
고뇌와 사랑이 가득한 가르침을
이야기책 속에 깨알 같은 글씨로
점점이 쏟아놓았지요.

왕방산 위로 뜨거운 태양이 작열하여
저 깊은 계곡의 어둠을 몰아내듯이
새 시대 희망과 이성의 광명이
구시대 미몽과 독선의 어둠을 밀어내어
큰 빗자루로 흩어진 마당을 쓸어내듯이
선조들의 막힌 마음을 시원하게 뚫어주시던
동농 이해조선생이시여

당신이 쓰신 아름다운 이야기들이
오랜 세월이 지난 지금
다시 살아나서
세계열강과 함께 어깨를 겨루고자 하는

한국 민족에게 당신의 혼을 심게 하시어
꿈에도 그리던 희망찬 조국의 앞날이
당신의 이야기 속의 개혁의 메시지처럼
환히 펼쳐지게 하소서

우리 산천에 여기저기
붉디붉은 홍도화가 되어
조국의 아낙네들 사랑의 꽃으로
피어나게 하소서

자유종 힘차게 울려서
당신의 숭고한 뜻을 담은
건강한 청춘의 소리로
세상 저 끝까지
울려 퍼지게 하소서

제2장

강촌 강가를 거닐며

강촌 강가를 걸으며

말없는 강물에
키 큰 물풀들의 그림자
길게 드리워지며
황혼의 느긋한 붓으로
어스름을 그리는 저녁

한적한 강가를 따라
쓸쓸히 걷는 그대에게
순식간 밀려오는
그리움의 물결이여

막 도착한 경춘선 기차가
한 무리 승객들을
어둠 속에 토해내니
저녁은 더 진한 암흑으로 변해가고

오랜 기다림 끝에
군중 속에서 나타난 그대를
어스름한 역사 앞에서 만나듯

강 저편
어스름 속에서
그리운 그대 문득 나타날까

짙어가는 어둠을 바라보면
움직이지 않는 물 위로
물고기 몇 마리가 품어낸
물방울만 솟아올랐다
어둠속으로 사라진다

남이섬

남이섬이여
문명의 옷을 벗어버리고
아담과 이브가 사랑의 밀어를 속삭이던
태초의 에덴의 숲으로
차라리 남아있으라

쭉 뻗은 낙엽송 사이로
파란 물결이 금빛 은빛으로 넘실대는
호젓한 섬 모퉁이 길을 한가롭게 돌며
원시의 아름다움에 넋을 잃은 그대와
손잡고 말없이 걷고 싶어라

해맑은 연인들이
떨어진 낙엽을 밟으며 꿈꾸는 세상은
아담과 이브가 에덴의 선악과를 따먹기 전
실오라기 걸치지 않은 맨 몸으로
호반에서 불어오는 바람을 맞이하던 시절이리라

저 멀리 어스름이 밀려오는 물 끝으로
흐느적거리는 사랑의 눈길을 던지면

밀려오는 잔물결 소리와 함께
비릿한 창조의 물 냄새가 달콤하리라

유채꽃

노란 유채 꽃이여
강가에 서있는 그대들은
강둑 위에 노랑 물감을 풀어
한 폭의 풍경화를
그려놓았구나.

바람이 불어도
미동도 않는 그대들은
숨을 죽이고
물끄러미 쳐다본다
노란 빛깔에 빨려드는 자들을.

꽃 하나는 볼 품 없어
눈길이 머물지 않지만
수천의 꽃으로 군집하면
장엄한 조화를 이루며
황금빛을 발하는구나.

꽃 하나가 여인처럼
갑자기 손을 내밀어

노란 입술로 미소를 지으며
가슴 속으로 들어오더니

꽃밭 가득히
사랑 꽃으로 샛노랗게 피어나
못 다한 욕망으로 얼룩진 가슴을
어여쁜 손가락으로 어루만지며
미완의 상처를 어루만지는구나.

작은 것들에 대한 사랑

내 사랑은 소박한 것들에 깃들어 있어요
그대와 단둘이 살 수 있는 오두막집
오붓하게 아침식사를 할 식탁
조용한 달빛이 내리비치는 작은 창문

그대와 사랑을 나눌 수 있다면
그것만으로도 난 행복해요

그대는 수평선 너머
가없는 뱃길로 향하는 선원이 되어
높은 망대 위에 올라
끝없는 수평선 너머로
기약 없이 고향을 그리다가
지쳐가는 가슴에
푸른 멍이 들어가네요

그대여
나의 사랑은
웅장한 행진곡에 맞추어
이국의 낯선 도시를

군마를 타고 가는 영웅을 떠나서

어두침침한 숲 속에서
달그림자를 밟고 가는
쓸쓸한 나그네를 찾아가요

내 사랑은
오딧세이의 모험보다
작은 소롯길에서
오순도순 소근거리는 일상의 이야기를
가슴에 간직하고 잠드는 그대를
그리워 하는 여름 밤이에요.

오월의 사랑

오월이 되면
그대여 숲으로 가자
녹음이 짙어오는 푸르른 계절에는
가지에 부르르 떨고 있는 죽음의 때를
달콤한 밤꽃 향내 내품는 봄바람에
죽은 자의 뼛가루를
바람 부는 언덕에서
날려버리듯이
시원스럽게 털어버리자

사랑하는 사람아
오월이 오면
그대 잃어버린 연인이 돌아올 듯 말 듯
겨울의 사자가 사랑의 파국을
내밀 듯 말 듯 망설이던
잔인한 사월의 아픔을 다 던져버리자
이제 따뜻한 사랑의 훈풍이
그대 아름다운 목덜미를 간질이는
화려한 오월에
힘차게 생명의 찬가를 부르자

바람의 사랑

그대와 만남은
너무 늦었습니다.

그대를 만나는 순간
어느새 지나쳐버린 전철역처럼
돌아올 수 없는
길이었습니다.

그대가 아니고선
채울 수 없는 사랑이기에
가슴에 생겨난 커다란 바람구멍처럼
계절마다 찾아오는
온갖 꽃들을 움켜쥐어도
발아래 떨어지는 꽃잎에
눈물이 흘러내릴 뿐

그대에게 돌아갈 수 없는
운명만을 탓하고
외길로 자꾸만 걸어가는
나그네 되어
허탈한 마음을
바람에 날려 보냅니다.

의암호수를 바라보며

북한강 물줄기가
하염없이 내려오다
황무지 같은 세상
적셔주는 젖무덤 되려나
천지 물이 되어버린 호수여

뜨거운 여름 햇살
무자비하게 내려쬐어도
넉넉한 그 젖줄 풀어놓으면
바람이 찾아들어
소리 없이 이는 푸른 물결
메마른 가슴으로 헐떡이는
너의 목덜미를
살며시 적시어 주리

의암호 물 위를 달리는
수상 스키어여
저 넓은 젖가슴으로 뛰어들어
꺼져가는 사랑 물결
일으키라

정물처럼 가라앉은 호수 위에서
소리쳐 노래하라

춤추는 격랑의 하얀 포말로
그대 향한 사랑으로 타오르는
이 격정을 그려보라

살아있으므로 사랑하노라고
사랑하므로 살아있노라고

잊혀진 길의 노래

어릴 적 살던 시골 떠난 후
언뜻언뜻 떠오르는 길
학교에서 우리 동네로 가다가
바람 스치는 소리가 들리는
수수밭을 거쳐
메뚜기 날뛰던 논둑길

자전거 가끔 오갈 뿐
한적한 황토색 언덕으로 이어지고
자치기나 민둥산 오르내리며
전쟁놀이를 벌이다 시들해져
놀 거리 없어 따분했던 동무들
텅 빈 들녘에 서서
멍하니 황혼 바라보다
터덜터덜
집으로 기어들어오던 길

친구들과 놀다 지치면
죄 없는 풀덤불에 발길질 하고
맥없이 뜻도 모르는

야한 욕설도 하고
심술이 나면 어둠을 틈타
오가는 이들 넘어지게
기다란 엉겅퀴 풀잎 묶어놓고
킥킥거리며
돌아오던 정든 길

초봄 갈대숲

초봄 강가에 나가
아직 차가운 바람에 흔들거리는
마른 갈대를 본다.

지난겨울 혹독한 추위에
푸른 옷 모두 벗어버리고
늙은 나신의 추한 몰골로
벌벌 떨고 있는 갈대

꽃샘추위에서도
바람 속에
봄 냄새 실려 오듯
갈색 수의 입은 갈대
투박한 피부 밑에
푸른 입봉오리
수줍게 밀고 나오는데

삶과 죽음
이중지대에서 태어나는
저승 가면을 쓴

사춘기 소녀
부끄러운 젖 몽우리인가

죽음 냄새
물씬 나던 수의
한 꺼풀 한 꺼풀
벗어내어
흘러가는 강물에
말없이 띄워
흘려보낸다.

비오는 날

강 언덕이
촉촉이 젖어가는
비오는 날

강 건너 저편에 서있는
그대마저 빗방울 사이로
흐릿하게 사라져가는 쓸쓸함에
가슴이 떨려온다

그대 빗물이 되어 다가와
내 가슴을 두드리는
비오는 날 오후
그대를 가슴에 안은 나는
행복에 겨웁다

그대여,
떨어지는 빗물처럼
내가 정녕 다다르지 못할 곳으로
흘러 흘러가는 강물이여

우리들의 짧은 만남은
또 다른 이별의 시작일 뿐
그대 빗물 되어 내 가슴을 두드리는
들릴 듯 말 듯 작은 속삭임이
구슬픈 이별의 송가인 것을

어찌 슬퍼만 하랴
어찌 즐거워만 하랴

새벽에 쓰는 시

남들은 아직 자고 있는 새벽
미명이 산 뒤에서 슬렁슬렁 넘어오는 시간
마치 잠 속에서 조금씩 의식이 살아나는 느낌을
그대는 아는가

사선을 넘었던 병사가 즐비한 시체더미 속에서
슬며시 고개를 들어
동녘에 밝아오는 햇빛 하나를 미소로
맞이하는 기쁨을 말이다

삶은 그런 것이다
온통 쓰레기 같은 혼돈 속에서
발견한 삶의 의미하나가
보석처럼 빛날 때
이제까지 살아온 헛된 삶이
가슴 뭉클하게 하는 휴먼 히스토리가 될 수 있다는 것을

그대여, 그대의 불행한 지난 시간을 아파하지 말라
얼마 남지 않은 생의 이정표에서
지친 다리를 펴게 하는 사랑이

기다리고 있지 않은가

미소를 머금고
가슴을 벌리며
탕자를 기다리는 아비의 넓은 가슴으로
그대를 기다리고 있지 않은가

아직도 차가운 새벽바람을 맞으며
그대를 가슴에 안아 주려고

광릉 수목원 단풍

가을 광릉 수목원을 산책하다
문득 발견한 우뚝 선 단풍나무
허공에 커다란 횃불이 서있는 듯
문뜩 걸음을 멈추고
롱자이너스의 '서브라임'을 떠올린다.

한 여름 태양의 정열을 모아
붉은 잎사귀로 토해 놓았을까

오염으로 찌든 문명사회에 항거하듯
맑은 공기로 감싸인
수목원 나무들 속에서
우중충한 가을낙엽 사이로
단번에 치고 솟아오르는
순결한 붉은 빛

미사포를 쓴 여인
수줍은 몸짓처럼
첫 경험 선혈로
그려진 붉은 빛이여

단풍잎을
눈부시게 둘러싸는
성스러운 오로라여

눈물을 머금은 채
보고 또 보며
무언의 황홀함에 빠져든다.

제3장

죽은 시인에게 바치는 노래

박영근 1주기에 붙여

네가 떠난 후에도
세상은 아무렇지 않은 듯 돌아가고 있지만
오늘만은 너의 빈자리가 아쉬운 듯
잊혀졌던 육성 시낭송 소리가
마치 네가 환생이라도 한 듯 들려오고
다시 볼 수 없는
너의 육신을 불러내려고나 하는 듯
살풀이춤을 추는 여자가
손을 휘휘 저으며
구천 길을 헤메더구나.

세상 사람들이 호위호식하는 게
그렇게 싫더냐
너의 술타령에 곤히 잠들었던 새벽잠을
빼앗겨버렸던 친구들이
이제 너의 억지스럽던 푸념을
듣지 못해 눈물을 흘린다.

영산홍(박영근 2주기를 기념하여 쓴 시)

사랑 하려거든
몸 하나 태우는 게 무슨 대수인가
불꽃 하나 붉게 밝히기 위해
제 몸 한낱 연기처럼 날려버리는 촛불은
눈 한번 깜박거리지 않고
세상을 빛으로 사랑하지 않는가.

사월이면 어김없이 피어나는
붉은 영산홍
억눌린 자들에 대한
뜨거운 너의 사랑처럼
불길로 피어오르고 있으니
너를 찾아 헤매던 나의 눈길마저
선혈의 꽃잎 위에 머물러
움직일 줄 모른다.

그 붉디붉은 영산홍
꽃잎 하나둘 뚝뚝 떨어져
텅 빈 꽃 마디만 남아
온 몸을 태우고

허공으로 사라져버린 촛불처럼
갑자기 연기처럼 사라지다니

낡아가는 너의 시집 속에서
한 순간 흩어지는 너의 시어들이
허공에 떨어지는 영산홍 꽃잎이 되어
나를 둘러싸고서
들리지 않는 너의 굵은 목소리로
적시지 않는 너의 뜨거운 눈물로
머물러 있다.

영원히 피어나는 영산홍으로
영원한 꺼지지 않는 불빛으로

구원으로의 죽음

우리 가보자
잃어버린 낙원을 찾아서
서로 믿음을 상실하고
끝없는 저주를 내리는
지옥 같은 고뇌가 연속되는
이곳을 떠나자
사랑이 없다고 떠나버린 네가
헤매고 있는
삶의 허상들이 널브러져 있는
혼돈의 세상에서
너를 아는 자들 마저
너를 모른다고 고개를 젓는 곳에서
어찌 살겠는가
네가 이루고 싶은 세상의 정의란
차라리 모르는 척 하는 게
행복이라고 믿는 사람들
그대가 위험한 혁명꾼이라고
외면해버리는 이 세상
그대는 이제 이름 없는 자가 되어
떠날 수밖에 없다.

순례

반평생 내내
삼백육십오일
이리저리 찾아보아도
너의 모습 보이지 않아
가슴은 철렁 가라앉고

술 한 잔의 낭만에
젖어 가는 가슴은
사랑의 자국 지워져버린
너의 비어있는 술잔

관악산 연주대 밑으로
펼쳐있는 남쪽 산등성이에도

북한산 백운대 아래
넘실대는 북쪽 산자락에도

보이지 않는 너는
철지나 잎새 없는 한 떨기 꽃

마지막 노래만 새겨진 채
쓰러져가는 돌비석을 맴도는
소리 없는 너의 노래는
바람처럼 성급히 죽어버린
무명가수의 혼령

박영근 시인 3주기에 붙여

시인이 죽은 후 삼년이 지났다

이제 얼굴도 가물가물하고
만취한 새벽 전화선을 타고 오던
굵은 목소리도 흐릿해지는데

술주정에 치도곤을 당했던 시인들이
오늘도 시인의 혼을 불러내고
미운 정 고운 정
가슴 속에서 끄집어내어
풀어헤치며 늦도록 막걸리 잔을 기울였다

시인은 더 이상 몸으로 나타나지 않았다

저승으로 가는
기다란 천을 살포시 밟는 살풀이 춤꾼의
혼신을 다 바치는 몸부림으로

시인을 좋아하던 연주자들의
흐드러진 가락으로

시인과 밤을 지새우던
살아남은 시인들의 시낭송으로

올 듯 말 듯 씨름하다가
그리움으로 찌든 얼굴 위로
흐르는 뜨거운 눈물은
홀연히 나타난 시인의 혼일까

눈물 속에 흐르던 시어들이
한 움큼씩 조합이 되어
시인의 가냘픈 뼈가 되고
시인의 메마른 살이 되어
쏜살같이 가슴으로 파고들었다

시인의 살과 뼈는
자유로이 우리 곁을 떠나갔다
불멸의 시들만 남겨두고

제4장

조난위기

조난위기 1

북알프스 삼천고지를 오르다
때 아닌 비를 만난다

고지에 내리는 여름비는
겨울에 걸리는 고뿔처럼
온몸을 떨게 하는
차가운 손의 불청객일 뿐

찬비가 내민 얼음 손의 애무에
몸은 진저리치고
무방비의 몸은 젖어
싸늘하게 식어가니
몸을 달구려 모닥불을 피우듯
독한 위스키 한잔
목구멍에 털어 넣는다.

삼천고지에 내리는 비여
비너스의 가슴 같은 북알프스 봉우리
흐릿한 취기로 도전하려는 자에게
뜨거운 맛을 보여주려는 것이냐

저체온의 몸이 시체처럼 굳어오는 순간
산꼭대기에서 내려다보는 죽음의 사자
성큼성큼 등덜미를 잡으러오니
검은 바위를 붙들고
비겁한 사내의 새가슴처럼
떨 수밖에 없었다.

조난위기 2

해가 떨어지자
어둠이 산자락에 깔린다
죽음의 하얀 손아귀에 붙잡힌 친구
그 얼굴을 외면하고 싶다
버리지말라버리지말라버리지말라
시퍼런 입술이 주문을 외우자
살아남자살아남자살아남자
흩어지는 마음을
가날퍼지는 우정의 끈으로
추위에 곱은 손으로
어설프게어설프게
엮어간다

조난위기 3

해가 떨어진 북알프스 봉우리는
순식간에 스스로 검게 채색하더니
잔인한 손으로 시야를 가린다.

산을 정복한답시고 올라간 인간들이란
산자락이 연출한 어둠의 무대에서
한치 앞을 못 보는
올빼미역의 배우 꼴이다.

비 내리는 북알프스 봉우리에서
눈짐작으로 계산한 산행시간은
무의미한 착각일 뿐
빗물과 피로감에
점점 무거워지는 발자국 수로
숨 가쁜 호흡에
박자를 맞추어 시간을 재는
원시로 돌아간 지 오래다.

야간산행을 예측 못한 무리수는
희미해져가는 해드 랜턴만이

구원의 빛이 되고
생존을 다투는 두려움만이
희미한 어둠을 투시하는
무광의 빛이다.

빛이 사라진 세계에서
생명은 또 하나의 랜턴을 켜고
무한대의 어둠의 세계를
얼어붙은 손의 촉각에
희미한 불빛을 켜고
엉금엉금 기어가는
초라한 산꾼들이여!

조난위기 4

한 고개 넘으면
또 한 고개
어둠 속에서 문뜩 나타나
산꾼을 놀라게 하는 산봉우리
시커멓게 덥쳐오는 키 큰 장승

마지막이라 믿으며
사력을 다해 넘어온 봉우리는
가소로운 듯 비웃으며
저만치 숨어버리고
추위에 떠는 산꾼들은
두려움에 더 추워지는데

도착시간이 한참 지난 지금
또 하나의 봉우리가 나타나다니
북알프스가 우리를 속이는거야
지나친 게 아닐까
사막의 신기루처럼
허상의 봉우리를 만들어
우리를 현혹시키는 거야

더 이상 넘어갈 수 없어

날버리지마라 날버리지마라
이미 시체같은 새하얀 얼굴로
쳐다보는 눈길이 안쓰러워
네가 넘어갈 수 없는 봉우리가
상상 속의 악마가 만들어낸 장애물이더라도
돌아가자돌아가자돌아가자
밤새 걷더라도
우리가 출발한 그 곳으로
헛것에 대한 의심을 벗어던질 수 있는 곳으로
산꾼들의 의리는 깨어질 수 없는 것이기에
우리 서로 끌어주고 밀어주며
밤새워 걷자꾸나
외로운 산꾼들이여

조난위기 5

어디를 향해 왔던 것일까
북알프스 산꼭대기에 오르면
노곤한 육신을 쉬게할 집이 있으리라
쉽게 믿었던 산꾼들은
봉우리를 넘을 때마다
스스로에게 되묻는다
무엇을 찾아서 온 것인가

장승처럼 입을 떡 벌리고 서있던
마지막 봉우리를 뒤로 하고
돌아서는 눈언저리에
빗방울이 박혀왔다
빗방울이야 뜨거운 빗방울
시린 손으로 훔치며
어렴풋한 실루엣으로
멀어졌다 다가오는
앞선 친구의 꽁무니를 눈꼬리에 묶고
수천걸음을 걸어가며 되뇌인다
도대체 왜 여기에 와있으며
또 어디로 가고 있는 것인가

너와 나의 몸뚱이가 암흑 속에서
무언의 교접을 하며 합일하는
무모한 순례가 아닌가
조난위기의 순간에
너와 나는 이름도 없으며
물질의 유혹도
명예의 자부심도
사라진 지 오래다
부드러운 여체의 기억도
가물거리다 사라진다
다만 어둠 속에서 너 산꾼 친구들과 내가
가쁘게 내쉬는 숨소리뿐이다

조난위기 6

거대한 산을 오른다고 해서
그 산의 비밀을 모두 아는 건 아니다
단지 화살표를 따라가는 산꾼이란
드러난 거구의 코끼리 몸뚱이 한 부분을 만지고
엄청나게 큰 짐승에 대해서 정의를 내리는 소경일 뿐
길을 잃은 산꾼은
부화한 곳으로 헤엄쳐가는 숭어처럼
이성의 판단보다 본능으로
어둠의 물결 속에 몸을 던진다

목표점은 모르지만
지나쳐온 길은 눈에 선하다
돌아가자 원점으로
가파른 물살을 거슬러 오르다
상채기 난 지느러미처럼
상처 난 손가락으로
애무하듯 쓰다듬듯 읽는다
빗물로 흠뻑 젖은 바위에 쓰여진
보이지 않는 여정의 흔적을

밤새워 걷자던 다짐은 어디 가고
이제는 더 이상 걸을 수 없어
주저앉으려는 순간
어둠을 뚫고 오는 구원의 빛
행운을 빌며 작별인사를 했던 정상 밑 캠프장
이제 살았구나
우리 가슴을 파고드는 추위를 녹여줄 텐트 안은
얼마나 아늑할까

안심은 우리만의 착각일 뿐
구조를 청하는 이국인을 내쫓는 몰인정한 산꾼들
쓰러져 죽든지 말든지
그들에게 내일 등산 일정밖에 안중에 없다
말이 안 통하는 잠 훼방꾼들은
산의 평화를 방해하는 무도한 적에 불과하니
너희들의 원점으로 돌아가라
거친 욕지거리를 뒤로 하고
터덜터덜 이를 악물고 걷는다
파득거리는 숭어처럼
내 알이 부화되었던 곳으로

조난위기 7

낙원은
길 잃은 산꾼에겐
보이지 않는 요새일까

파김치가 되어버린
가여운 육신을 누일 산장이
하얀 눈 아래 숨어 있을 줄이야

한밤중 기어들어간 산장은
모두 잠들어 버린
고요한 사당

팬티 속까지 젖어버려
파르르 떨고 있는 몸들을
소리 없이 안내하는 산장관리인이여

산꾼들의 조난신고를 받고
기다리고 있었노라고 말하는 당신은
구사일생을 축하하면서도
감정은 절제하는 승려

세상은 우리들의 조난을 알고도
스스로 걸어 들어오지 않는 한
산 자의 명단에서 지우려
생사의 심판을 준비하고 있었구나

이제 살았구나
얼싸안고 사선을 넘은 전우처럼
기쁨의 눈물인가 안도의 한숨인가
분뇨냄새가 진동하는 건조실에서
삶의 기쁨을 만끽하는데
죽음의 공포로 떨던 친구가
다시는 산에 오르지 않겠노라 선언해도
그대는 결코 산의 품을 떠나지 못하리
허허롭게 웃으며
죽음 같은 잠 속으로 빠져든다

조난위기 8

조난극에서는
산을 정복한 자보다
죽은 자가 비극의 주인공이다

조난을 피해 산을 넘어간 자들은
정복의 승리를 맛보기보다
위기에 몰려있는 자들을 두고 왔다는
양심의 가시가 목에 걸려있다

조난당한 자보다 앞섰다고
자랑을 늘어놓았던 시간이 지나고
승리를 위한 제물들이 돌아오지 않자
산행동지를 소홀히 했다는 자책감으로
가슴을 두드리며
참회의 눈물을 흘린다

조난위기를 가까스로 피해
동행자들과 재회하는 순간
버스 안은 기쁨과 참회의 눈물이 솟아나고
흘러넘치는 한바탕의 포옹과 악수

살아 돌아온 자들을 위한
위로의 시간이 지나자
서서히 피어오르는
무모한 시도에 대한 비판의 감정들이
스멀스멀 스며든다

조난자들이 연출한 죽음의 즉흥극이
득의만만한 정복의 일인극을 망쳐놓다니
너와 내가 끝까지 함께 가자했지만
남보다 먼저 정복하리라는
나만의 승리감에 도취했던 게
무슨 잘못이란 말인가

조난위기의 비극은 막을 내리고 있지만
너와 나의 역할이 바뀌는 반전극은
언제 시작될지 알 수 없으리라

제5장

이국에서 부르는 노래

타쉬켄트에서

한반도에서
중앙아시아까지
수십만리길을 떠돌았다
그 옛날 조상님들이 떠돌았던 길이
우리들의 방랑의 발자취이었을까

나라 잃은 시절 일제에게 내몰려
만주로 시베리아로
블라디보스톡 극동으로
먼지 같은 목숨을 구하려는
몸부림이었을까

하느님이 보살핀다는 유태인의 믿음도
사막을 가로지르며 알라의 승리를 구하는
아라비아 대상들의 굳건한 신앙도
우리에게는 없었다
조상님들의 보살핌이 있으리라는
엷은 희망밖에는

잔인한 스탈린은

떠돌이들의 눈물에는
아예 관심도 없었고
혹독한 겨울 창고 같은 기차에 실어
우리를 모래처럼
광야에 버렸다

천산을 바라보며
흘러내리는 눈물을 훔치며
사막의 오아시스처럼
가슴 속에 품고 온
한의 볍씨를 눈물에 씻어
모래밭을 옥토로 만들어달라고
조상님께
빌고 또 빌었다.

이 뜨거운 사막에
한 포기 벼로 피어나라고

타쉬켄트에서 부르는 사랑노래

사랑하는 이여
너의 목소리가 들리지 않는 땅으로
천산의 거대한 그림자가 운명처럼 내리깔리는
타쉬켄트로 달려와
너의 이름을 부르노라

매순간 귓전을 맴돌던
너의 달콤한 숨결이
천산의 자작나무 잎을 흔드는
느낄 수 없는 미풍이 되어
들리지 않게
들리지 않게
나를 부르노라

높은 산맥에 부딪쳐
으르렁거리던 광풍 같던
너와 나의 사랑

물줄기가 어디서 시작되었는지도 모르는
천산의 깊은 계곡 속으로

너의 목소리가 들리지 않는
타쉬켄트의 이름 모르는 거리로

나를 떠돌게 하노라
한없이 부르게 하노라
불러도 천산의 메아리만 남는
너의 이름을

키나브로 산 가이드

비닐주머니 같은 허름한 배낭에
낡은 운동화를 신은
수더분한 중년의 사내
키나브로 산 가이드

앞서거니 뒤서거니
눈을 떼지 않는 그대를
정상으로 가는 험한 등반길에서
동행으로 만난 것은
우연 같은 인연이었을까

큰 맘 먹고 가는 거대한 산에서
길안내자로 만난 그대는
수많은 돌계단을 오르며
고개를 숙인 채
아무 표정도 없이
발자국으로 시간을 재는
산사나이

구름 위로

치솟은 산봉우리에
몇 번 올랐는가 물으면
조용히 미소를 지으며
삼십년 동안 천 번이라고
말꼬리를 흐리는 남자

한번 오르기도 어려워
이토록 고통스러워하는
말 많은 산꾼들에게
침묵 속에서 행한
수많은 고행은
저 앞에 거대하게 서있는
키나바루 산만큼
그대를 커보이게 하는데

아, 키나브로 산 가이드여
그대는 산 그 자체이다

키나바루 산 고산 꽃

아무 것도 살 수 없을 것 같은
키나바루산 사천고지
산꼭대기 바위틈에
아름다운 선녀처럼
붉은 치마저고리 입고
맑게 웃음 짓는 고산 꽃

온힘을 다해
찢어질 듯 아픈
가슴을 쓰다듬으며
그대 있는
정상을 향해 가는
절박한 이 순간
문득 손 내미는
그대

그대는 말하리라
오랫동안 기다렸노라
이 만남을 위해
절대의 순수

그리 오래 지켜왔노라

달빛 아래
찬란하게 빛나는 입술에
마지막 남은 사랑의 불꽃을
그대에게 바치며
말하리라

이 순간을 위해
셀 수 없는 고통의 계단
올라왔노라고

새벽이슬이 지켜온 순결
그대에게
꺼져가는 작은 정열
기꺼이 바치겠노라고

키나바루 산 로우 피크에 오르며

이른 새벽
산 나무도 풀포기도
잠들어 있는 시간에
보름달만 어렴풋한 달빛을
하얀 비 되어 내리는데

바위에서 바위로
달려가는 거대한 바위 정상
로우 피크에 하염없이
하얀 달빛이
하얀 비 되어 내리는데

하늘과 땅 사이
나 홀로 되어
가쁜 숨 몰아쉬며
천근같은 발을
한발 한발 내딛으며

내가 왜 몰랐을까

달빛과 바위가
남몰래 만나
소리 없이
소리 없이
웃고 우는 사연을

내가 왜 몰랐을까

달빛과 바위가
이 뜨거운 열대에서
아무도 보이지 않는 깊은 밤에
저리도 신비로운 사랑을
말없이
말없이
나눌 수 있음을

내가 왜 몰랐을까

사람이 호흡할 수 없는
이렇게 높고 높은

삭막한 바위산에서
하얀 비로 사랑을 내리고
하얀 빛으로 사랑을 고백하는
달빛과 바위의
비밀스러운 사랑을

고려인의 눈물

나는 고려인이에요
한국인도 조선인도 아닌
수백년 전 사라진 고려인이라구요
중앙아시아 타쉬켄트에서
천산산맥 아래 알마티에서
실크 로드로 가는 길목 타지키스탄에서
한국말도 모르는 나는
왜 러시아말을 지껄이는지도 모르는
떠돌이 고려인이라구요.

나는 고려인이에요
목구멍 깊은 곳에서
어머니 아버지
알 수 없는 말들이 꿈틀거리는
고통에 시달려왔어요
먹고 살기도 바쁜 떠돌이의 삶은
가르친 사람도 배운 사람도
사라진 긴 세월일 뿐
어머니 아버지의 목구멍에서 맴돌던
말의 파편들조차 잊어버리게 했어요

잘 먹고 잘 산다는
고국땅 한국에서 온 당신에게
어눌한 고려말로 인사하는
국적의 변경지대에서 사는 나는
고려인이에요.

천지에서 부르는 노래

하늘의 푸른 빛을 모아
천지에 담았을까

저리도 푸른 물을
하늘을 향해
분수로 품어 올려
창공을 만들었을까

태초에
천지 물과 하늘이 만나서
음양의 사랑을 나누어
만물을 만들었으리라

백두산 꼭대기
툰드라 이끼부터 시작하여
작은 풀과 꽃들,
크고 작은 나무들을 만들어
광활한 고원 위에서 아래로 몰아치는
거센 바람에 띄워
만물을 순식간에 천하에

퍼뜨렸으리라.

만물을 본 딴 형상을 구름으로 만들어
천지를 가리려 함은
영산의 자궁으로 산고를 치루는
천지의 벌거벗은 몸매가 부끄러워서일까

그대를 숭배하는 입술에서
찬탄의 소리는 높아만 가는데
비너스가 월계수 나뭇가지로 요염한 나신을 감추듯이
운무로 심오한 자궁을 감추는 천지여

그대가 낳은 한민족 사내가
내 땅 내 산에서 그대를 보지 못하고
중국 땅으로 날아와
수만리 지친 몸으로
그대 깊고 넓은 모성의 품에
한없이 안기고 싶어 하노라.

아, 하늘도 그대 향한 흠모의 정에 감동 하였는가

감추었던 천지의 문을 크게 열고
구름을 탄 천군천사의 군무와 함께
팔 벌려 큰 사랑의 입김을 내품으며
나를 안아주노라.

압록강을 바라보며

그대여
한반도 북단을 가로질러 흐르는 강
압록강 건너에서
정겹게 손을 흔드는 그대여

한여름 옷을 벗고
노동의 땀을 씻는
그대의 허연 젖가슴을
미친 듯이 사랑하고 싶소.

그대와의 정겨운 사랑을
잃어버린 지 어언 50여년
살가운 그대 목소리조차 들리지 않고
부르고 싶은 그대의 이름마저
떠오르지 않소.

비운의 배필로 떨어져있었던 시간들만
가슴에 파편으로 남아있을 뿐
차가운 이념의 옷으로
다시 감추는 그대의 알몸

우리의 선조대왕
광개토대왕과 장수왕이 호령하던
집안시 압록 강가에서
너와 내가 사랑을 나누던 영과 육이
춤을 추던 그 강가에서
이별의 눈물을 삼켰소.

화려했던 먼 역사의 영광이 빛을 바래고
되살아날 우리들의 재회가
머나먼 꿈일 뿐이라면
낡은 이념의 옷은 벗어 버리세그려

백두산 천지에서
호돌과 웅녀의 나신으로
덩더쿵 뜨겁게 사랑하세.

북 알프스 등정

북 알프스산이여,
산을 오르며
안간 힘을 쓰는 우리에게
그대는 거친 돌투성이 산봉우리로
말없이 우뚝 서서
반갑지 않은 빗줄기로
황량하게 맞이한다

한 여름 만년설이 펼쳐져 있는 산자락은
오랜 세월을 풍우에 시달린
그대 흰 머리카락이나 되는 듯
어쩐지 을씨년스러운 속 것처럼
지저분하게 은밀한 곳을 내보인 여인이다

그대가 헤프게 보인 것은
오만한 우리를 너의 깊은 계곡으로
끌어들이려는 응큼한 속내일 뿐

올라갈수록
힘을 내던 몸뚱이를

헉헉대게 만드는 그대는
수많은 사내들을 집어삼키는 여귀처럼
돌아올 수 없는 봉우리를
오르고 또 오르게
앙큼하게 손짓하는
여심이다

제6장

황무지 꽃

황무지 꽃

잡풀만 우거진 황무지에서
지나가는 여행객의 시선을 끌거나
부드러운 손길로 애무를 받겠다는 욕망은
지친 아라비아 상인들의 눈에 아른거리는
오아시스의 신기루일 뿐이다

나도 꽃이기에
아름다운 꽃잎과
가느다란 향기마저
없으랴

누구도 다가와 손을 내밀지 않는
죽은 시체들이 널려있는
버려진 땅에서

뿌연 먼지만 쌓여 누워있는 마른 풀들이
푸른 풀잎하나 간직할 수 없는
황량한 이곳에서

더운 입김으로

나도 살아있다고
나도 사랑하고 싶다고
소리치고 싶지 않으랴
단발마의 외마디로

사랑을 잃어버린 나그네로
그대 나를 찾아온다면
힘없이 터벅터벅 걸어와
마지막 남은 호흡을 다하여
내게 손을 내민다면

메마른 꽃잎 하나 살리려는 끈질김으로
땅 속 깊이 뿌리를 내리고 내려
그대에게 꽃이 아닌 꽃이 되어 주리라
그대에게 의미 없는 의미가 되리라

한라산 눈꽃

겨울에도 꽃이 피다니
계절이 망령이라도 난 모양이야
한라산 천지에 온통 하얀 꽃이 피어
봄바람이 난 벚꽃이 바람에 휘날리며
요염한 여인네 분 냄새 풍기듯
하얀 꽃송이가 눈앞을 가리니
순진한 듯 요염한 듯
그대의 연기에 눈이 부시다

앙상한 가지에 순식간에 꽃이 피다니
그대는 정녕 하얀 눈꽃의 정령인가
비록 순간에 사라질 꽃이라 한들
어느 계절 짙은 향내를 퍼뜨리는
어느 꽃의 아름다움에 비할 것인가

그대의 향기는 진정 한라산 구석구석
모든 나무와 꽃을 하나로 아우르듯
하나의 띠로 하얗게 두르고
가슴의 순결한 향내로
거대한 그대 품에 안기려는 산꾼들에게

모든 세속의 냄새를 씻어주는
하얀 꽃 세례를 베푸려는가
청순한 숨결을 품어내며

전철에서

차창에 비치는 내 얼굴에
그대를 만날 설레임과
그대를 향하는 열정과
그대에게 가지는 불안이
자화상처럼 그려져 있다

앞좌석에서 앉아서
자동인형처럼 꾸벅꾸벅 졸고 있는
목석같은 조각들이여
그대들은 내가 꿈꾸는
상상의 괴물들을 애써 밀쳐버리는구나

그대가 수없이 오고가며
나의 심장에 쏘아대었던 큐피드의 화살들은
일상에 파묻힌 조각들의 갑옷을 뚫고
자동인형들의 인조 배터리 심장에 박혀
작은 일탈의 엑소더스를 일으킬
반동을 꿈꾸리라

바닷가에서 석양을 바라보며

발그레하게 물들어가는
고향 바다에
그대 얼굴이 떠 있다.

초겨울 차가운 바닷바람에
옷깃을 세우며 가슴에 기대오는 그대는
빠알간 홍조를 띠고
사랑에 몸을 떨고 있었다.

멀리 갈매기 서너 마리
마지막 정열을 불태우는 석양 속으로
아스라이 사라져가는 순간
붉은 바다의 수면 위로
불꽃처럼 타들어가는 그대 얼굴

어느덧 바닷물이 되어
나를 향해
금빛 손을 흔들고 있다.

초겨울 단상

초겨울의 하늘은 흐려있다

잎사귀 모두 떨어진 나뭇가지에
네 슬픈 얼굴이 걸려
찬바람이 불 때마다 떨어질 듯
아슬아슬하게 매달려있다.

어차피 마지막 사랑이라고 울부짖으며
목숨을 건 너의 매달림이
썰렁한 계절에
유일한 낭만의 표상이다.

어젯밤 너의 나신은
싸늘한 낙엽이 되었다.

사력을 다한 애무 후에
등위에 흐르는 차디찬 땀방울이
눈물로 고여 만든
슬픔의 웅덩이에 빠져
나는 익사하고 말았다.

사랑이 끝나가는 순간
가냘픈 낙엽 하나
초겨울 하늘에
죽은 듯 정지해 있었다.

첫 눈 오는 날

사랑하는 사람아
우리가 약속 하였던가

첫눈 오는 날
둘이서 손잡고
아무 말 없이
하염없이하염없이
하얀 눈길 걷자고

쏟아지는 눈이
두 어깨에 쌓여
하얀 눈사람이 되어가면
온 몸으로 온 몸으로
하얀 눈 한 없이 껴안고
사랑을 속삭이자고

두 손 걸고
굳게 맹세 하였건만
하얀 눈이 시기하였던가
눈처럼 하이얀

순결한 우리 사랑을

지난 밤
소리 없이 쌓였다가
메마른 세상에
하얀 눈물만
질펀하게 쏟아놓고
말없이 떠나버린
첫눈이여

은행나무 낙엽의 사랑노래

청춘이 아닌 중년 같은 은행나무여
스산한 늦가을이 되어서야
제 빛을 내는 섹시한 노란 나신이
황홀하게 바람에 날린다.

사랑을 헤프게 나누어주는
농염한 여인네처럼
익을 대로 익어 떨어지는
홍시 같은 성숙의 사랑이여

거리에 떨어진 사랑의 조각들이
커다란 눈망울이 되고
새침한 입술이 되고
오뚝한 코가 되어
가슴 속으로 스며든다.

은행나무 노란 낙엽이여
죽음의 순간 까지
사랑을 수놓는 그대의 마지막 노래를
바람 오케스트라의 반주에 맞추어

멍하니 넋을 놓고
듣고 또 듣노라.

광릉 수목원 단풍

가을 광릉 수목원을 산책하다
문득 발견한 우뚝 선 단풍나무
허공에 커다란 횃불이 서있는 듯
문뜩 걸음을 멈추고
롱자이너스의 '서브라임'을 떠올린다.

한 여름 태양의 정열을 모아
붉은 잎사귀로 토해 놓았을까

오염으로 찌든 문명사회에 항거하듯
맑은 공기로 감싸인
수목원 나무들 속에서
우중충한 가을낙엽 사이로
단번에 치고 솟아오르는
순결한 붉은 빛

미사포를 쓴 여인
수줍은 몸짓처럼
첫 경험 선혈로
그려진 붉은 빛이여

단풍잎을
눈부시게 둘러싸는
성스러운 오로라여

눈물을 머금은 채
보고 또 보며
무언의 황홀함에 빠져든다.

제7장

사랑타령

열대야

한낮에 이글거리는 태양
잠 못 이루는 열대야

끈적거리는 몸을 뒤척이다
땀으로 온 몸을 적시는 밤

뜨거움에 못 견디어
많은 인간들이 목숨을 잃었다는 비보에
우울한 밤

제 잘난 맛에 산다는 사람들이
온도가 조금 올라간다고
운명을 달리 하다니

잠을 못 이루는 열대야에
차라리 밤새워
생의 축제라도 벌일까

우울하게 시들어가는
삶의 꽃송이

붉게 피워보는
술잔치는 무르익어가니

생맥주 그라스 채워놓고
밤늦도록
술친구와 나누는
인생담론은 끝없고

밤의 열기여
인간들의 끈질긴 삶의 의지를
너의 뜨거움으로 위협해도
굽히지 않으리
이 한잔의 술이 있는 한

사랑의 그릇

육신은 밥을 먹고 사나니
한 끼만 걸러도
허약한 육신은
배고파 하소연 한다

사람은 평생 사랑을 하는데
사랑도 육신을 키우는 밥처럼
크고 작은 그릇이 있어
사랑을 적게 담아주면
그 갈증에 애태우지만
저수지처럼 큰 사랑은
세상으로 흘러가
거친 가슴을 적셔준다

그대여, 그대 향한 내 사랑이 너무 커서
한시도 잊지 못하고 노심초사하는데
그대 사랑 그릇이 너무 작아
덧없이 흘러넘쳐버리고
사랑의 갈증에 허덕이는 그대는
이 밤도 잠 못 이루게 하니

너와 나의 사랑의 그릇을 깨어서
넉넉하게 다시 빚어보자

사랑으로 키운 큰 그릇을
가슴에 새겨넣어보자
흘러넘치는 사랑의 물결이 흘러가면
사랑이 부족해서 생긴 마음의 병쯤이야
타오르는 용광로에 녹슨 쇳물 녹아내리듯
사라지게 하고
깨어지지 않는
사랑의 그릇을 빚어보자.

사랑의 구속

사랑하는 사람아
그대를 사랑하기에
나는 바람이 되어 그대를 감싸 안고
그대는 바람에 쓰러지는 풀잎이 되어
내 가슴에 안겨서 푸르르 떨며
사랑을 고백하네

사랑하는 사람아
그대를 사랑하기에
꽃이 되어 그대에게 미소를 짓고
그대는 나비 되어 내 입술에 입 맞추며
황홀한 날개 짓으로 사랑을 말하고는
바람 따라 날아가네

사랑하는 사람아
그대를 사랑하기에
내리는 빗물이 되어 그대 얼굴을 적시면
그대는 뜨거운 가슴으로
내 슬픈 눈물을 닦아주고는
사랑의 구속의 사슬을

사랑의 끈으로 달콤하게 매어주리

사랑의 구속은
우리의 사랑의 끈임을
사랑의 끈은
우리의 사랑의 운명임을
바람에 되뇌이고
내리는 빗물은
축복의 눈물이 되리

서글픈 사랑

사랑은 용광로로 뜨겁게 타올라
바람에 재가 날리듯
그대 품에서 이는 사랑의 광풍에
휘말려 솟아오르는 열정

사랑은 강열할수록
자신을 태우려 하고
지나간 바람이
더 큰 바람을 불러오듯
사랑은 태우면 태울수록
더 뜨거워지리

사랑이란
남겨서 간직할게 없고
함께 나눈 열렬한 사랑은
텅 빈 가슴 어느 곳에도
간 곳이 없구나

그대여, 사랑은 어차피
순간에 피고

순간에 지는
꽃의 비극을 닮은 한바탕 꿈이리니
그 짧은 운명을 탓하여 무엇 하리

그대여, 우리들의 그리움의 고통은
사랑하는 이들이 행하는 제의일 뿐
그대 아플지라도
사랑하여야 하리
사랑하여야 하리

미이라 1

사랑하는 그대여
죽음의 사자가 앗아 가버린 님을
정녕 떠나보내기 서러워
봄날 새순처럼 상큼한 몸매를
팔뚝에 새겨진 낙인처럼
영원히 남기기로 한다.

하지만
아름다운 여인이여
그대의 욕망은 스폰지 처럼
한없이 빨아드리는
흡혈귀
나 하나 사랑으로
채울 수 없는

나의 미이라여
영원한 연인으로 재생할 그대여
내 아무리 관대한 그대 종이었지만
지난날 방탕죄의 정화는
미이라 작업의 필수조건

먼저 두개골의 내용물을 빼내
증오의 박테리아가 일으키는
부패 방제작업을 끝내고
인간의 욕망의 표상인
아름다운 얼굴 외형만 남기자.

불같은 눈길을 자석처럼 당기던
그대의 풍만한 가슴이여
윙크 한 번에 분출하는
발화점의 정열을 그대 용광로의
원자재로 삼았지.

그대 요염한 여인이여
시이저 앞에 무릎 꿇고
안토니우스에게 사랑을 바친
크레오파트라여
그대와 나의 침대를 더럽힌
배신의 여신이여
지고지순한 사랑에 불순물이 끼어들면
풍만한 가슴도 썩고 말리니

아픔을 무릅쓰고
내 욕망의 화신을 버리련다

이제 그대 몸에 방부제를 바르고
두꺼운 헝겊으로 감으리라
어느 로마의 장수도
그대 몸을 겁탈할 수 없으리
곰팡이도, 박테리아도
손을 내밀 수 없으리

이제 그대는 나만이 아는
코드 속에 갇혀있는
영원히 나의 연인 미이라일 뿐

재생을 기념하는 푸닥거리삼아
너의 가냘픈 눈길로
나에게 입맞추어다오.

미이라 2

오랜 세월
그대와 만남을 염원해온 자와 만남을 위해
미이라의 장인이 그려 넣은
커다란 눈을 치켜뜨고
외로운 스핑크스 무덤 속에서
뜬 눈으로 기다려온 미이라여.

불면의 밤으로 쌓인 업을
찢어내고 씻어내어
여신으로 당당히 올라선
영원한 그대여

수분 한 방울 없이
빼어버린 그대는
생명체 방식을 버림으로
신적 영생을 얻었으니
인간의 근시안으로는
결코 가늠할 수 없구나.
겹겹이 감은 빛바랜 헝겊의 두께만큼
내 눈에 가려진 그대의 신비를

먼 이집트 역사 뒤안길로 되돌리려
그대 몸에 영혼의 빛으로 투사하자
그대 아름다운 얼굴은 간 데 없고
소름끼치는 해골
앙상한 뼈대만이
스크린에 나타났으니
몸에 흐르던 뜨거운 피는
간 곳 없고
그대 거만한 아름다움을
어찌 재현할 수 있으리

죽음을 정지시킨
미이라여
그대 새긴 관을 안아서
가슴 속 깊이 새겨두고
차라리 눈을 감으리.

사랑이란

사랑 나라의 법은
정해진 것이 하나 없는 불문율이다.
변덕쟁이 큐피드의 화살은
남녀노소를 가리지 않고
야한 사향을 풍기는 풋내기들에게 쏘아대니
그 놈의 장난이 여간 아니다
사랑은 물처럼 막힘없이 흐르고
정염의 폭포는 어느 누구도 막을 수 없으니
사랑이 부르는 곳이면
파고들어 사랑의 묘약을 발라
메마른 연인의 가슴마다 적시어 주리
저절로 피어나는 사랑의 꽃을
억지로 시들게 할 수 없으니
그대를 찾아 헤매는 애모의 배가
어디메 정박할 수 있으리
오직 넉넉한 그대의 가슴의 언저리에
닻을 내리고
그대와 머무르고 싶을 뿐

오리 사랑

내 사랑은 오리보다 못한가
짝을 찾아 제 멋대로 헤엄치는 오리야
넌 어느새 사랑을 즐기고는
둘만의 세상으로 나아가는구나.

누구도 방해할 수 없는
에로스의 세계로

이른 새벽잠을 잃어버리고
사랑을 찾아 달리는 자들은
자유분방한 오리가 부러워
발걸음을 멈추고
한낱 오리의 사랑 장난을
정신없이 바라본다.

사랑을 꿈속의 장난으로 그친 자여
눈앞에 펼쳐지는 오리들의 자웅
암수 서로 사랑으로 치근덕거리는
천연덕스러운 꼴을 봐라

조금의 억지도
부자연스러움도 아닌
자연 그대로의 사랑을

봄비

비가 내리고
눈물이 되어 내리고
그리움으로 내리고
이별의 아픔이 생채기나 눈물이 되고
외로움이 눈물 같은 빗물이 되고
그녀가 지나간 사랑을 아파하고
그 순수한 눈물에 감동해 내가 울고
내 눈물로 그녀의 아픔을 닦아주고
내 눈물이 사랑의 빗물이 되고
내 사랑이 빗물 같은 눈물을 먹고 자라네.

이른 봄
비가 내리네.

하늘 사랑

세상에 홀로 남겨진
외로운 날

창문으로 들어오는 하늘이여
그대를 가슴에 품었다
가없는 창공으로 던져보니

그대는 어느덧
나의 구름 사랑이 되고
나의 바람 친구가 되고
나의 천국 궁창이 되네.

세상이 철없이 거칠어
쓸쓸한 날

창문으로 다가오는 하늘이여
그대 큰 가슴에
지친 머리를 뉘이니

그대 넓은 가슴은

눈물 젖은 내 얼굴을 감싸는
나의 위로자가 되고
나의 애인이 되고
나의 구원자가 되네.

그대 보이지 않는 하늘이라 할지라도
나 더 이상 외롭지 않네
나 더 이상 슬프지 않네.

벚꽃

춘 사월
바람난 여자는 못 말리지.

어린 나무는 상큼한 하얀 꽃송이로
늙은 나무도 농염한 허연 꽃송이로

가냘픈 몸뚱이도
늙어가는 몸매도

살포시 감추고

야릇한 향수를 뿌린 숫처녀처럼
하얀 분첩을 칠한 늙은 기생처럼

달콤한 사랑 내음을
봄바람에 실어

사랑에 동한 뭇 사내들에게
진하게 품어대니

춘 사월
바람난 여자는 못 말리지.

고독

혼자 있다
그대가 곁에 있다고 느꼈는데
어느 덧 그대는 또 하나의 혼자로
고독 속에 떨고 있다.
우리는 혼자인 게 두려워서
사랑한다는 말을 연극대사처럼 되뇌이다가
같이 살자 맹세 하였건만
이제는 스스로 쓴 글씨마저
깨어진 유리의 파편처럼
찢어발기어
고립된 고독자가 되어
마음속에 불어오는 광풍에
미련 없이 날리고 있다
사랑의 글씨들이
눈물 한 방울 한 방울이 되어
발아래 떨어지고 있다

채석강에서 부르는 사랑타령

채석강의 밤은 깊어가고
지난밤 정념들이 침묵 속으로 사라진 시간
그대는 저리도 평온하게 잠들어있는데

방파제 끝머리에
등대는 외롭게 서서
치열했던 전어 잡이에서 돌아오는
지친 어선들을 붉은 불빛으로
껴안는다.

고기잡이에 지친 그대 어깨에
그리움의 눈물로 젖어있는 얼굴을 누이면
방파제를 거닐며 맹세했던 사랑의 밀어들이
은빛 물결 위로 비상하는 물고기처럼
잃어버린 젊음의 발랄함으로
텅 빈 품안에서 힘차게 푸득거린다.

파도여, 천년의 사랑을 노래하는 그대는
저리도 아름답게 육신의 사랑을 기록하고 있는
수천층 침식암의 가슴 위에

한 소절 애절한 갈망의 시를 쓰려는가

그대의 아름다운 구애의 시어들이
지나간 세월만큼 두꺼워진 바위 책갈피가 되어
다가오는 파도가 손을 내미는 순간에
한 장 한 장 책장을 넘기며
잊혀진 사랑의 행적을 읽어주려는가.

떠나가는 사랑

무엇으로 그대를 내 곁에 둘 수 있을까
사랑이 어찌 나만의 몫이리오
그대는 사랑만 받는 꽃일 뿐인가
하지만 그대 기억하라
꽃이 지면 사랑도 떠나고 만다는 것을

꽃처럼 달콤한 사랑도
꽃잎과 함께 왔다가
꽃잎이 지면 시들고 말듯이
그대의 오만한 사랑도
아침 이슬 사라지듯
햇볕에 말라버리고 만다는 것을

그대여 차라리 바람이 되어
내 얼굴 언저리에 머물러
그대를 호흡하는 가슴 속에
들숨과 날숨처럼 드나들라
그대가 오고 가는 바람소리가 되어
내 귀에 사랑의 노래로 남아서
잊혀지지 않는 연인이 되라

내 생명이 다하는 날까지
그대 나의 사랑을 받을 지니
나의 시와 노래로 남아있을지니

사랑연기

사랑한다고
그대를 사랑한다고
못 견디게 사랑한다고
외치리라

아무도 없는 연습실에서
홀로 고백하는 연기를 반복하다
무대 위에 우아하게 선 그대에게
온 힘을 다해 사랑을 고백하면
인생의 무대는 무지갯빛으로 펼쳐질까

연극의 주인공의 멋진 대사처럼
완벽한 사랑이 청명한 하늘에
행복의 구름으로 펼쳐지리라
하지만 사랑은 잠시도 머무르지 않고
꽃 위를 날아다니는 나비가 되더라

꽃잎 위에 잠시 앉아서
기웃거리던 야속한 그대는
달콤한 꿀만 빨더니

사랑의 꽃즙이 말라버리자
조명이 꺼진 후
사라지는 무대의 환상처럼
미련 없이 떠나버리더라

사랑은 주는 만큼
커지지 않고
주면 줄수록
정열을 다한 뒤 오는 허기처럼
연인들을 작아지게 하는가

사랑하는 이여
그대 사랑의 눈물로 마른 꽃술을 적시어
황무지 같은 세상에서
아름다운 꽃잎이 시들지 않게 하라
우리들의 사랑의 꽃을 위하여

서 평 •

'사랑의 이데아'의 초혼
—박정근 시인의 세 번째 시집에 부쳐

_ 최명석*

나의 오랜 친구인 박정근 시인을 처음 만났을 때는 1984년 봄, 어느 날 고려대학교 도서관 앞 긴 나무의자에서였던 것 같다. 한 겨울 흐릿한 먹빛으로 침묵했던 회색빛은 백양나무에는 잎사귀가 돋아나고 캠퍼스 주위를 에워싼 자잘한 관목 숲은 어느덧 푸른 생 울타리로 담장을 이어가고 있었다. 그 푸르러 가는 캠퍼스 밖에서는 새 봄의 녹음의 생명을 아는지 모르는지 엄혹한 군사정권이 폭력적인 권력으로 이 땅의 진리의 생명을 억압하고 있었다. 박정근 시인을 만난 그 시절

* 현묵 최명석은 시와 평론을 쓰고 있으며, 대학에서 영미문학을 가르치고 있다.

은 어둡고 암울한 시대 상황이었지만, 시인은 시대의 좌절을 가슴에 묻고 오랫동안 꿈꾸어 왔던 자신의 열망인 영문학 연구의 길로 들어섰다. 그는 영문학의 길로 들어서기 전 잠시 교직 생활을 하던 시절, 문학에의 열정으로 연극에 빠져야했던 이야기를 곧잘 이야기하곤 했다. 그러한 연극의 열정은 잠시 대학원 시절을 거치며 바쁜 학업으로 접어두어야 했지만, 그가 대진대학교 영문과의 교수로 부임한 이후에는 교내 연극을 지도하며 접어두어야 했었던 열정에 불을 붙이고야 만다. 뿐만 아니라 박정근 시인은 스스로 연극배우로서 세익스피어 연극에 출연하고, 때론 연출자로 자신의 문학에 대한 열정의 갈증을 해소해 나갔다. 그가 지닌 문학의 에너지는 마치 활화산 같은 것이어서 분출하는 용암같이 폭발적인 것이라 해도 지나치지 않을 것이다. 드라마를 가르치는 교수이자, 연극배우로서 무대에 오르고, 연극을 연출하고, 후학지도에 틈을 내어 대학원에서 성악을 공부하여 독창회를 열고, 시를 쓰는 가 했더니, 이번에는 문예지를 만들어 문학에 갈증을 느끼는 이들에게 문학에 동참할 수 있는 길을 열어 놓고, 이에 더하여 지칠 줄 모르는 부단한 시 창작으로 세 번째 시집의 출간을 앞둔 것을 보면, 그의 문학을 향한 열정과 샘솟는 에너지는 박정근 시인의 보석 같은 자산이기도 하다. 어디 시인의 에너지가 그 뿐 만이랴. 시인과 필자가 허름한 시장 골목에서 밤을 새며 술잔을 기울이고 문학과 인생사를 논파할 때도 그의 흐트러짐 없는 자세는 필자의 기억 속에 문학이든, 술이든(그는 때때로 술잔을 들고 오페라타(operetta)의 한 소절이나 가곡을 즐겨 부르곤 하지만) 단연 압도할 만한 에너지를 소유한 시인으로 각인되어 있다.

이러한 열정과 에너지는 어디에서 나왔을까? 필자가 생각하기에는 이러한 시인의 자질들은 인공적으로 구축된 환경에서는 잠재되기 어려운 요소들이다. 반듯하게 정돈된 도회의 정경, 높은 건물들, 깔끔하게 쌓아 올린 강가의 축대, 금방 찍어낸 듯 거리의 풍경, 횡단보도에 서서 파란불의 초침의 숫자를 표정 없이 바라보는 시선, 날아가는 새가 쇼우 윈도우에 부딪칠 것 같은 광경, 찍어낸 듯 사람들의 매너리즘(mannerism) 등등. 필자가 생각하기에 시인은 이런 인공물 안에서 성장한 것이 아니라 자연물 안에서 성장한 기억의 공간을 소유했기 때문에 그러한 열정과 에너지가 발현될 수 있었던 것이라 여긴다. 이제 우리나라에서도 낯설지 않은 가스통 바슐라르(Gaston Bachelard)는 『공간의 시학』(*The poetics of space*)에서 시 창작의 창조력이나 시적인 흥취(poetic taste)의 보편성으로서, '기억의 공간'이란 "부동의 기억들이지만 더 또렷하게 기억"되는 장소라고 이야기한다. 그는 아름다운 문학의 이미지들을 기억의 공간에서 고찰하였다는 것인데, 그로인해 드러나는 아름다움이라는 것은 상상력과 밀접한 관계를 가지고 있고, 그것은 상상력의 가장 탁월한 활동 그 자체라는 생각이다. 기억의 기능에서 제공된 이미지를 상상력을 통해 해방시킬 때 아름다움은 현실을 떠나 새로운 이데아(ideas)를 향해 돌진해 나가는 것이다. 때문에 시인의 상상력은 몽상적 혹은 몽환적으로 창조되는 것이지만 역설적이게도 인간의 실존을 견고하게 지탱해 주는 그 자체가 되고 있는 것이다. 박정근 시인이 시적 대상(이미지)과 만나는 상상력은 '기억의 공간'이 된다. 시인이 어린 시절 뛰어 놀던 익산의 들판과 강, 미륵산과 용화산, 그리고 변산반도의 수려한 경치와 바다는 그의 시적 상상력의 동굴(dungeon)이며, 기억의 공간으로 작용하고 있다는 사실을 그는 앞서 나온 두 권의 시집에서 실증적으로 보여준다. 시인은 이미 첫 시집 『물의 노래』(2005), 두 번째 시집 『바람에 날리는 눈꽃같은 사랑』(2007)을 출판한 바 있는데, 그의 두 권의 시집에서 보듯 시인이 노래하는 대상은 강, 호수, 바다, 산, 나무, 꽃, 낙엽, 바람, 눈, 비, 그리고 고향, 이별, 약자의 눈물 등이다. 이렇듯 시인 보는 대상은 우리 인간들이 지닌 모든 감각 기능 중에서도 가장 기쁨과 즐거움을 줄 수 있는 자연물들이다.

세 번째 시집에서도 시인이 노래하는 시적 대상들은 앞서 나온 시집의 시적 대상들과 자연스럽게 연계된 자연물이다. 시인의 상상력은 자연 속에 깊이 자리 잡고 있으며 자연물이 나타내는 물질에서 시인의 상상력은 출발한다. 상상력을 통해 인식대상인 물질은 표면에서 내부로 들어가 표면적인 형태와 무관하게 자연물의 실체를 상상하는 것이다. 시인의 상상력은 자연물의 대상에 머물다가 다시 다른 대상으로 떠나며, 변화하는 대상을 쫓게 하는 것이 아니라 오히려 시인의 상상력이 그 대상을 마음대로 변화시키는 것이다. 이러한 자연물의 대상에 대한 상상력의 변화를 통해 시인은 새롭고 신선한 시적 '이데아'를 창조한다. 다음의 "오리사랑"에서 자연물 '오리'는 시인의 사랑에 대한 초월의지를 보여준다.

. . .
짝을 찾아 제 멋대로 헤엄치는 오리야
넌 어느새 사랑을 즐기고는
둘만의 세상으로 나아가는 구나

누구도 방해할 수 없는
에로스의 세계로

. . .
사랑을 찾아 달리는 자들은
자유분방한 오리가 부러워
발걸음을 멈추고
한낱 오리의 사랑 장난을
정신없이 바라본다.

사랑을 꿈속의 장난으로 그친 자여

눈앞에 펼쳐지는 오리들의 자웅
암수 서로 사랑으로 치근덕거리는
천연덕스러운 꼴을 봐라

조금의 억지도
부자연스러움도 아닌
자연 그대로의 사랑을

오리의 자연스런 사랑을 시인은 시샘하지만, 인간의 애욕과 아첨과 기만과 배신의 현실적인 사랑으로는 에로스의 세계를 범접할 수 없음을 인식한다. 시인의 사랑에 대한 감정적인 감흥은 곧 이어서 경구적인 스타일(epigrammatic style)로 '부자연스러움도 아닌 자연그대로의 사랑'이라는, 가식의 세계와 극명하게 대비되는 초월적 태도를 보여주고 있다. 시인의 상상력의 정신이 향하는 이러한 자연스러움, 그 자체의 자연성의 이데아는 신성(divinity)에 대한 추구마저 엿볼 수 있는 것이다.

시인은 자연물을 시각과 인식작용을 거쳐 육신의 형체를 넘어 서서 바라보며, 그러한 정신의 영역에서 바라보는 시적 대상의 슬픔이라든가 애수의 감정을 상상력의 확장과 그로 인한 '이데아'의 시적 투영을 통해 극복하고 있다. 시인이 관조하는 사물들은 시인의 정신을 관통하며 다양한 변모의 형태를 빚어내며 '이데아'(ideas)를 형성한다. 시인은 자신이 관조하는 대상들을 근거리에서 때론 원거리에서 대화하며 지치거나

싫증내지 않으며 그 대상들을 즐긴다. 아니 시인의 감정의 촉수는 우리로 하여금 시적 대상에 대한 확장의 개념을 넘어서게 한다. 시인은 어느덧 대상의 모양과 그 색채가 주는 환상을 넘어서서 우리 앞에 '사랑'의 이데아를 노래하고 있는 것이다. 아래의 시 "사랑의 그릇"에서 시인이 노래하는 사랑의 이데아는 독자의 의식 속에 난교의 상상력(the imagination of promiscuity)의 즐거움을 제공한다.

육신은 밥을 먹고 사나니
한 끼만 걸러도
허약한 육신은
배고파 하소연 한다

사람은 평생 사랑하는 데
사랑도 육신을 키우는 밥처럼
크고 작은 그릇이 있어
사랑을 적게 담아주면
그 갈증에 애태우지만
저수지처럼 큰 사랑은
세상으로 흘러가
거친 가슴을 적셔준다

그대여, 그대 향한 내 사랑이 너무 커서
한시도 잊지 못하고 노심초사하는데
그대 사랑 그릇이 너무 작아
덧없이 흘러넘쳐버리고

사랑의 갈증에 허덕이는 그대는
이 밤도 잠 못 이루게 하니
너와 나의 사랑의 그릇을 깨어서
넉넉하게 다시 빚어 보자

사랑으로 키운 큰 그릇을
가슴에 새겨넣어보자
흘러넘치는 사랑의 물결이 흘러가면
사랑이 부족해서 생긴 마음의 병쯤이야
타오르는 용광로에 녹슨 쇳물 녹아내리듯
사라지게하고
깨어지지 않는
사랑의 그릇을 빚어보자.

시인이 노래하는 육신의 정형성은 특별하지도 않으며 아름답지도 않고, 더욱이 훌륭하다거나 웅장하지도 않다. 시인이 바라보는 외적 대상인 육체는 한 끼의 밥에도 넉넉할 수 있는 혐오의 대상이다. 시인은 혐오나 공포의 대상에도 그것에 국한할 수 만 없는 즐거움이 혼연해 있음을 아름답게 이야기한다. 그러한 시인의 상상력의 즐거움은 그러한 대상을 유유히 압도하는 신기할 정도의 아름다움, 즉 사랑인 것이다. 육체라는 그릇에 담기에는 너무도 버거운 사랑을 시인은 "깨어서" 다시 "빚어보자"하는 것이다.

사랑에 대한 시인의 상상력은 다양한 변형을 거듭한다. 박정근 시인은 영문학 중에서도, 특히 드라마를 전공한 학자이다. 그는 고려대학교 대학원에서 20세기 현대극을 공부했지만, 교단에서 셰익스피어를 가르치고, 또 앞서 언급한 바대로 셰익스피어 공연극에 열성을 보여 온 점으로 미루어 보아, 여전히 셰익스피어와 열애중이라는 것을 의심할 수 없다. 그런 연유가 다소는 시인에게 영향을 주었으리라 짐작되지만, 그의 시 "미이라-1", "미이라-2", "햄릿의 노래-1", "햄릿의 노래-2", "막이 내리면" 등에서 시인은 역사의 시간으로 회귀하고, 역사와 만나며, 셰익스피어와의 상상력을 통해 그의 현재의 순간을 넘어서서 시적 명증성(clarity)을 획득한다. 이것은 그가 당시 로마와 영국(스코틀랜드와 잉글랜드)로 상징되는 유럽의 과거의 시간과 시인의 기억의 공간인 한국의 과거와 현재의 역사가 맞닿아 있다는 것을 의미하는 것이다. "햄릿의 노래-2"에서 시인이 역사의 시간에서 만나는 과거와 현재의 상상력의 영감은 단단하며 결연하기까지 하다. 시인의 상상력은 '쾌락의 원리'만이 질서의 깃발이듯, 그 질서에 대한 반역의 칼을 잡겠다는 결연한 의지를 내보인다.

. . .

무덤의 상복을 찢고나와
세상의 악에 복수를 하라는
서슬 퍼런 당신의 명령에
어머니 치마폭에서 꿈꾸던 자식은

놀라 넋이 나갈 지경입니다

아버지
정의의 독수리 같던 당신이
존재하지 않는 세상은
술판 개판입니다

백성의 눈과 귀를 속이는
살인자의 달콤한 궤변도
침실에서 흘러나오는
간드러지는 어머니의 신음소리도
눈웃음치며 사랑을 말하는 모습도
너무 역겨워
창자가 꼬여서
타락의 오물을 토해버리겠습니다

아버지
당신이 사라진 세상에
기승전결의 미학이 존재해야만
인간이 인간답게 살 수 있음을
깨닫는 백성들을 위해
비겁한 자에게 알맞은 복수의 칼을
내가 휘둘러야겠습니다

쾌락의 원리에 몰입하는 어미가 조장한
혼란된 질서의 깃발을 세상에 꽂아두고
미련 없이 당신의 뒤를 따르렵니다

또한 "미이라-1"에서 시인의 상상력은 로마의 역사로

회귀하며, 상상력과 현실, 성찰과 행동의 대립을 보여준다. 그것은 마치 낭만주의 시인 예이츠(Yeats)의 주제와도 같이 '사랑'을 노래하는 장면에서 자주 볼 수 있다. 사랑하는 여인에 대한 상상력은 현재를 넘어 역사의 시간, 클레오파트라의 시간으로 향하며, 시인은 결코 만날 수 없는 사랑의 미이라를 상상하고 있는 것이다.

. . .

. . .

나의 미이라여
영원한 연인으로 재생할 그대여
내 아무리 관대한 그대 종이었지만
지난날 방탕죄의 정화는
미이라 작업의 필수 조건

. . .

. . .

그대 요염한 여인이여
시이저 앞에 무릎 꿇고
안토니우스에게 사랑을 바친
크레오파트라여
그대와 나의 침대를 더럽힌
배신의 여인이여

지고지순한 사랑에 불순물이 끼어들면
풍만한 가슴도 썩고 말리니
아픔을 무릅쓰고
내 욕망의 화신을 버리련다

이제 그대 몸에 방부제를 바르고
두꺼운 헝겊으로 감으리라
어느 로마 장수도
그대 몸을 겁탈할 수 없으리
곰팡이도, 박테리아도
손을 내밀 수 없으리

이제 그대는 나만이 아는
코드 속에 갇혀있는
영원히 나의 연인 미이라일 뿐

재생을 기념하는 푸닥거리삼아
너의 가냘픈 눈길로
나에게 입맞추어다오

시인은 '영원한 여인'의 재생 의식을 통해 시간성에 대한 색다른 관점(perspectives), 즉 사랑하는 여인과 크레오파트라의 아름다움을 통해서 각기 다른 두 종류의 미에 대한 시각적 즐거움을 상상하고 있다. 그는 둘을 원하고, 모두를 소유하고 싶어 한지만, 그러한 시인의 소망은 영원히 상상력 안에 실재하는 '미이라'일 뿐이다. 그것은 도달할 수 없는 공간적인 거리이고, 정신적 착란이며, 야만적이며, 이미 시간에 의해 살해된 것이다. 시인의 사랑에 대한 상상력은 "미이라-2"에서도 계속되고 있고, 그것은 마치 마신(Demogorgon)의 주문처럼, 어둡고 깊은 스핑크스(sphinx)에서 '미이라'의 아름다움을 상상하고 있다. 시인은 아름다움의 불멸성을 상상하지만, 아이러니하게도 그것은 실현될 수 없는 시간성임을 인식하고 있는 것이다.

. . .

불면의 밤으로 쌓인 업을
찢어내고 씻어내어
여신으로 당당히 올라선
영원한 그대여

수분 한 방울 없이
빼어버린 그대는
생명체 방식을 버림으로
신적 영생을 얻었으니
인간의 근시안으로는
결코 가늠할 수 없구나
겹겹이 감은 빛바랜 헝겊의 두께만큼
내 눈에 가려진 그대의 신비를

먼 이집트 역사 뒤안길로 되돌리려
그대 몸에 영혼의 빛으로 투사하자
그대 아름다운 얼굴은 간 데 없고
소름끼치는 해골
앙상한 뼈대만이

스크린에 나타났으니
몸에 흐르던 뜨거운 피는
간 곳 없고
그대 거만한 아름다움을 어찌 재현할 수 있으리

죽음을 정지시킨
미이라여
그대 새긴 관을 안아서
가슴 속 깊이 새겨두고
차라리 눈을 감으리.

박정근 시인의 '사랑의 이데아'는 '하늘, 벚꽃, 채석강, 황무지 꽃, 한라산 눈꽃, 석양, 첫눈, 은행나무, 단풍, 남이섬, 유채꽃, 계절, 바람, 강촌 강가, 의암 호수, 비' 등과 같은 자연물을 통한 '사랑'의 변형을 거듭한다. 그는 바라보는 시적 대상들의 아름다움이나 추함의 이미지를 넘어서서 상상력의 즐거움을 획득한다. 그에게서 그러한 대상들은 신기함이나, 아름다움이나, 웅장함이나, 때론 성적 강렬함마저 자연의 불가사의한 수많은 작용들로 나타나는 것이다. 그의 "하늘사랑"에서는 '하늘'은 가슴이 되어 사랑하는 이를 감싸 줄 수 있는 연인이자, 시인의 위안이기도 하다. "벚꽃"에서는 대상의 추함(deformity)에도 시인은 그것을 넘어 아름다움을 상상하며 '사랑'은 누구에게나 평등한 것이라고 노래한다. 그런가하면 "고독"에서 시인은 '광풍'처럼 '사랑'이란 블레이크적인 격렬함(Blakean fierceness) 같은 것이라며 사랑의 일시성의 회상에 잠기기도 한다. 또한 “채석강에서 부르는 사랑타령”에서 시인의 사랑은 자연으로 회귀하며 생명력으로 가득 찬 사랑의 위대함과 웅장함을 노래한다. “은행나무 낙엽의 사랑노래”에서 시인은 경험의 영역이면서 또 경험의 영역이 아닐 수 있는 에로틱의 세계로 향한다. 그의 성적 에너지는 강렬하며, 자족적이고, 몰아 적 경지에 이른다.

청춘이 아닌 중년 같은 은행나무여
스산한 늦가을이 되어서야
제 빛을 내는 섹시한 노란 나신이
황홀하게 바람에 날린다.

사랑을 헤프게 나누어주는
농염한 여인네처럼
익을 대로 익어 떨어지는
홍시 같은 성숙한 사랑이여

거리에 떨어진 사랑의 조각들이
커다란 눈망울이 되고
오뚝한 코가 되어
가슴 속으로 스며든다.

은행나무 노란 낙엽이여
죽음의 순간까지
사랑을 수놓는 그대의 마지막 노래를
바람 오케스트라의 반주에 맞추어
멍하니 넋을 놓고

듣고 또 듣노라.

박정근 시인의 '사랑'은 그의 시 "남이섬"에서 원시의 자연에 대한 상상력을 통해 아름다움의 불멸성을 표현한다. 그의 불멸성에 대한 소망은 무신론적인 믿음이 아니며, 그것을 경계하며 '태초의 에덴의 숲으로' 남기를 염원하는 것이다. 시인은 문명의 해악과 재앙이 부재하는 신/자연의 에덴으로 돌아가기를 노래한다. 이렇듯 시인이 희구하는 사랑의 불멸성은 언제나 현실과 반발하며 대립하는 갈등을 노정시킴으로서 그를 더 낭만적 시인의 전통 속에 자리하게 한다. 시인은 "유채꽃"에서 자연의 아름다움을 상상하며, 그것을 상상하는 즐거움은 곧 사랑의 생채기도 치유의 카타르시스(katharsis/catharsis)가 될 수 있다는 믿음을 보여준다. 그러한 믿음은 그의 시 "작은 것들에 대한 사랑", "오월의 사랑"에서도 사랑의 치유와 화해, 사랑의 기다림으로 순환하고 있다.

필자가 일일이 나열할 수 없을 정도로 그의 '사랑의 이데아'는 다양한 변모를 거듭하며 그림을 그려나가듯 '사랑'을 '바라보고'(ideas/see)있다. 앞서 언급한 시 외에도 이러한 시각적 효과를 지닌 시들은 "바람의 사랑"에서 '커다란 바람구멍처럼/계절마다 찾아오는/온갖 꽃들을 움켜쥐어도/발아래 떨어지는 꽃잎에/눈물이 흘러내릴 뿐', 또 "강촌 강가를 걸으며"에서 '말없는 강물에/키 큰 물풀들의 그림자/길게 드리워지며/황혼의 느긋한 붓으로/어스름 그리는 저녁/ … /움직이지 않는 물위로/물고기 몇 마리가 품어낸/물방울만 솟아올랐다 /어둠속으로 사라진다' 등은 사랑 이데아의 시각적 효과가 돋보이는 표현이다.

시인의 상상력은 때론 민족의 역사에 대한 이데아로 발전한다. 물론 그것이 '사랑'의 근원에서 출발했음은 두말할 필요가 없겠다. 우리 영혼의 세계에서 표출되는 모든 사고와 행동은 그 영혼의 깊이에서 나오지 않겠는가. 그것은 우리의 감각기관의 수단이 아닌 인식작용에 의한 것이다. 시인이 이국땅에서 바라보는 한민족의 역사의 뿌리는 감각기관을 통한 외적대상에 대한 정신작용이 아니라는 것이다. 이와 같은 시인의 인식작용에 의해 내재하는 '이데아'는 역사에 대한 외형과 그것의 고통, 소리, 심지어 색깔과 같은 요소들의 정신작용으로 이루어지는 총체적 유형이다. 그의 시 "타쉬켄트에서"에서 보듯, 시인의 고통은 그 속에 결코 머물지 않으며 내재적, 추상적 이데아에서 구체적 이데아에 대한 신앙으로 발전한다. 이러한 이데아의 변전은 다시 "타쉬켄트에서 부르는 사랑노래"에서 '거대한 그림자가 운명처럼 내리깔리는' 공간을 넘어 '사랑'으로 응답하고 있다. 다음은 "타쉬켄트에서" 일부를 감상해 보자.

한반도에서
중앙아시아까지
수십만리 길을 떠돌았다
그 옛날 조상님들이 떠돌았던 길이
우리들의 방랑의 발자취였을까

나라 잃은 시절 일제에게 내 몰려
만주로 시베리아로
블라디보스톡 극동으로
먼지 같은 목숨을 구하려는
몸부림이었을까

· · ·

잔인한 스탈린은
떠돌이들의 눈물에는
아예 관심도 없었고
혹독한 겨울 창고 같은 기차에 실어
우리를 모래처럼
광야에 버렸다

천산을 바라보며
흘러내리는 눈물을 훔치며
사막의 오아시스처럼
가슴 속에 품고 온
한의 볍씨를 눈물에 씻어
모래밭을 옥토로 만들어달라고
조상님께
빌고 또 빌었다.

이 뜨거운 사막에
한 포기 벼로 피어나라고

박정근 시인의 세 번째 시집에는 연작시의 형태로 쓰여 진 "조난위기-1,2,3,4,5,6,7,8"과 "북알프스 등정"과 같은 산을 대상으로 한 시들이 포함되어 있다. 앞서 이미 언급했듯이 '사랑의 이데아'에 관한 시들을 중점적으로 살펴 본 고로 어떤 의미에서는 소홀하게 다루어진 측면이 있지만, '산'은 시의 미학적 대상 가운데도 중요한 재료이다. 거대한 산이 보여주는 높은 바위, 가파른 절벽, 물의 근원지인 계곡, 산이 연하여 이룬 산봉우리들과 같은 자연의 대상들은 그 자체가 신기함, 아름다움, 자연적인(거칠다는 표현이 적절하겠지만) 웅장함 등이 어우러져서 위대하다거나, 범상치 않다거나, 아름답다거나 하는 자연의 불가사의한 작용을 그대로 보여주는 것들이다. 어쩌면 이러한 것들은 우리의 시각현상을 통한 인식작용에서 나타나는 무서움이라거나, 시야에 거슬린다거나 하는 대상의 공포감이나 혐오감을 압도하고도 남을 만한 상상력의 즐거움일 것이다. 시인은 바로 그러한 감정적 대응을 통해 조난위기를 극복해 내며 공포감 혹은 죽음이 예시된 공포의 감정을 극복하는 카타르시스를 획득하는 것이다. 연작시 "조난위기"에서는 시인은 그러한 자연의 아름다움과 경외감에 놀라운 즐거움을 경험하지만, 곧 자연이 주는 신성함에 인간 존재의 우행과 도전과 모험의 오만(hubris)을 각성한다. 인간의 우행과 오만에 따른 죽음과 삶의 경계에서 겸허한 감정으로 돌아온 후, 시인은 삶과 죽음은 하나일 것이라고 인식하며 '분뇨 냄새가 진동하는 건조실에서/삶의 기쁨을 만끽하는' 초월적의지 모습을 보여주는 것이다. 시인은 아름다움과 추함의 시각적 대상 앞에서 인식작용을 통해 상상력의 힘 '이데아'가 주는 즐거움을 경험하는 것이다.

이 시집에 포함된 "박영근 1주기에 붙여", "영산홍(박영근 2주기를 기념하며)", "순례", "박영근 시인 3주기에 붙여" 등은 모두가 시인의 친동생 박영근 시인을 그리워하며 쓴 시들이다. 필자가 박영근 시인을 만나게 된 것도 시인을 통해서였지만, 한동안 교류하며 때론 밤늦도록 술잔을 기울였던 적이 있었다. 한 번은 1994년 겨울철 어느 날이었는데, 강남의 어느 소주 집에서 거의 밤을 새다시피 술잔을 기울였었다. 그 때 박영근 시인은 자신의 시세계를 이야기 했던 것 같고, 뜬금없이 노동가를 부르더니, 가곡을 부르고, 젓가락 장단에 흥얼거리던 모습은 우리들의 세간에서는 쉽게 볼 수 없는 흥취와 의식을 지닌 시인이라는 생각이 들었었다. 시의 출발은 '노동' 시였으나 후일 그는 서정성이 짙게 배어나오는 삶의 아픔과 고통, 그리고 그것의 초월에 관한 시를 발표하여 주목받았던 작가로 알려져 있다. 그의 생애는 안타깝게 짧았으나, 그가 추구한 시세계도, 또한 그의 사물에 대한 곧음의 자세는 필자가 추억하는 시인에 대한 기억이다. 어쩌면 박정근 시인은 동생을 많이 가슴아파하고 그리워했을 것이다. 형제간의 아쉬움이야 그 누군들 알 수 있겠는가. 그러한 아쉬움을 마음 한 구석에 간직한 채 박정근 시인은 동생에게 못다 준 사랑과 관심을 돌아오는 기일이 되면 후회와 안타까움이 그를 시의 혼으로 불러내고 있는 듯하다.

박정근 시인의 세 번째 시집은 2007년 봄에서 2009년 최근의 작품들로 구성되어있다. 66편의 시들은 앞서 언급한 대로 자연물을 소재로 한 시들이 대부분이다. 자연의 대상을 바라보는 시인은 조화롭게 조응하다, 때론 불화하며 관찰한다. 자연의 대상 앞에서 관찰하는 시인은 자연의 무수한 작용과 교류하며 스스로를 상상력의 영역 안에 가둔다. 사물(자연)과 상상력이 만나는 지점에서 시인은 언어를 통해 '이데아'(ideas)를 변형해 나간다. 그것은 마치 회화나 조각상에 적용되는 영감과도 동일한 것이다. 시인의 잘 선택된 언어는 그 자체가 시적 이미지의 작용력이며, 여기에 생성되는 '이데아'를 생동감 있게 기술하는 것인데, 바로 박정근 시인의 상상력은 그가 빚어내는 언어에 의해 색채를 강렬하게, 생동감 있게 시적 즐거움을 발산하고 있다. 시인은 '이데아를 지닌 아름다운 존재'라고 일찍이 플라톤(Plato)이 말했듯, 시인은 상상력을 통해 인습적인 언어가 아닌 현존하는, 현현하는 언어를 창조하는 것이다. 시의 귀족적, 전통적 인습을 거부하고 자연에서 신의 신성을 찾아 나서는 박정근 시인의 자연성/자연존엄(naturalism)은 그가 추구해온 시의 열정으로 보아 동시대를 사는 필자로서는 도시성(urbanity)속의 낭만주의 지성의 순결함이자 영혼이라 말할 수 있겠다.

진심으로 오랜 친구인 박정근 시인의 세 번째 시집 출간을 축하하는 바이다.